Für

Von

AF178402

ZU EINEM GESCHENK

Ich wollte dir was dedizieren,
Nein schenken; was nicht zu viel kostet.
Aber was aus Blech ist, rostet,
Und die Messinggegenstände oxydieren.
Und was kosten soll es eben doch.
Denn aus Mühe mach ich extra noch
Was hinzu, auch kleine Witze.
Wär' bei dem, was ich besitze,
Etwas Altertümliches dabei – –
Doch was nützt dir eine Lanzenspitze!
An dem Bierkrug sind die beiden
Löwenköpfe schon entzwei.
Und den Buddha mag ich selber leiden.
Und du sammelst keine Schmetterlinge,
Die mein Freund aus China mitgebracht.
Nein – das Sofa und so große Dinge
Kommen überhaupt nicht in Betracht.
Außerdem gehören sie nicht mir.

Ach, ich hab' die ganze letzte Nacht
Rumgegrübelt, was ich dir
Geben könnte. Schlief deshalb nur eine,
Allerhöchstens zwei von sieben Stunden,
Und zum Schluss hab' ich doch nur dies kleine,
Lumpige beschissne Ding gefunden.
Aber gern hab ich für dich gewacht.
Was ich nicht vermochte, tu du's: Drücke du
Nun ein Auge zu.
Und bedenke,
Dass ich dir fünf Stunden Wache schenke.
Lass mich auch in Zukunft nicht in Ruh.

Joachim Ringelnatz

BEREIT SEIN

Gestern Abend war's,
so gegen Sieben,
Mutter war gerade beim Kaufmann drüben.
Da holtert's und poltert's die Treppe hinauf,
klopft an die Tür und reißt sie auf.
Knecht Ruprecht war's, er kam herein,
und denkt euch: Ich war ganz allein.
Er murmelte etwas, wie: „Weihnachtslieder",
da sprang ich schnell vom Stuhle hernieder
und sang ihm das Lied von der heiligen Nacht,
da hat er aber Augen gemacht.
Er schenkte mir Nüsse und Pfefferkuchen
und sprach, er wird mich mal wieder besuchen.
„Grüß' auch Mutter und Vater recht schön!",
und ich sagte fröhlich: „Auf Wiedersehen."

Verfasser unbekannt

WEIHNACHTSFRIEDE

Alle geben sich Mühe,
jeder strengt sich an,
macht sich auf die Suche,
schenkt, so gut er kann.

Mutti kriegt dieses,
und Papi kriegt das,
die Tante kriegt gar nichts,
und jeder kriegt Spaß.

Wo man auch hinschaut:
freundliche Worte,
Karten und Grüße
von inniger Sorte,

herzliche Wünsche
und nette Gebärden.
Alles, wie's sein soll:
Friede auf Erden!

Jörn Heller

ÜBERRASCHUNG

Es klingelt an der Tür
welch nette Überraschung!
Ein Sack voller Walnüsse
vom eigenen Baum
dazu ein Strauß
von Tannenzweigen
und Chrysanthemen
aus dem Garten!
Wer hätte gedacht
dass der Dezember
so schöne Blüten
hervorbringen kann!

Anna Tomczyk

WEIHNACHTLICHE GABEN

Wenn wir
Lachen und Freude
miteinander teilen

wenn wir
in dunklen Stunden
füreinander da sind

wenn wir
gemeinsam hoffen
glauben und vertrauen

wenn wir
die Botschaft leben
Fürchte dich nicht

dann beginnen
der weihnachtliche Friede
die Liebe und die Freude
in unseren Herzen zu blühen

Marion Schmickler-Weber

HIMMLISCH

Heimlich und leise
wunderbar weise
Lichtglanz gestreut
Menschen erfreut.

Tina Willms

Freude ist keine Gabe des Geistes,
sie ist eine Gabe des Herzens.

Ludwig Börne

WEIHNACHTSWUNSCH

Die Kraft, aus der wir alle leben,
verborgene Schönheit dieser Welt,
der tiefe Sinn, nach dem wir streben,
der uns den Himmel offen hält,

die Freude an den kleinen Dingen,
die Güte, die uns hoffen lässt,
was uns noch jubeln lässt und singen,
erfülle uns am Weihnachtsfest!

Jörn Heller

AM MORGEN

Diese stillen Momente,
bevor die Zeit Anlauf nimmt.
Eine Kerze anzünden,
in ihr Licht schauen, nur Da-Sein.
Manchmal fliegt ein Wort heran.
Einfach so. Aus dem Anderswo.
Und streut Sterne
in den Tag.

Tina Willms

Weihnachten – das sind Festtage,
die mir in freundlichem Schimmer
lange entgegenleuchten.

E.T.A. Hoffmann

LANGSAM

In diesem Jahr lasse ich mich nicht hetzen.
Ich gehe langsam durch die Stadt und halte Ausschau
nach dem Wunder am Rande.
Plätzchen backe ich höchstens einmal. Was ich zum Mund
führe, will ich mit geschlossenen Augen genießen.
Und auch in meiner Wohnung soll es langsam
weihnachtlich werden. Jeden Tag suche ich ein
einzelnes Schmuckstück aus und gebe ihm einen Platz,
an dem es glänzen darf.

Tina Willms

STILLE

Stille
schenkt Ruhe
schenkt Frieden
schenkt Wohlbehagen
schenkt Geborgenheit
schenkt Glück

Marion Schmickler-Weber

DIE WELT, DIE MONDEN IST

Vergiss, vergiss, und lass uns jetzt nur dies
erleben, wie die Sterne durch geklärten
Nachthimmel dringen, wie der Mond die Gärten
voll übersteigt. Wir fühlten längst schon, wie's
spiegelnder wird im Dunkeln; wie ein Schein
entsteht, ein weißer Schatten in dem Glanz
der Dunkelheit. Nun aber lass uns ganz
hinübertreten in die Welt hinein,
die monden ist.

Rainer Maria Rilke

WEIHNACHTSZEIT

Liebeläutend zieht durch Kerzenhelle,
mild, wie Wälderduft, die Weihnachtszeit.
Und ein schlichtes Glück streut auf die Schwelle
schöne Blumen der Vergangenheit.

Hand schmiegt sich an Hand im engen Kreise,
und das alte Lied von Gott und Christ
bebt durch Seelen und verkündet leise,
dass die kleinste Welt die größte ist.

Joachim Ringelnatz

WIE WÄR'S?

Wie wär's, wenn wir wie Weihnachten
im Alltag noch vom Frieden sängen,
die leisen Töne jederzeit
durch unsre groben Worte drängen,

wenn wir nicht alles immer nur
so ausnahmslos von uns aus dächten
und nach dem Motto „Freu' dich, Welt!"
die Welt noch mehr zum Lachen brächten,

wenn wir beherzt mit wachem Blick
und, ohne stets auf uns zu schielen,
vorbehaltlos offenherzig
allen Menschen wohlgefielen?

Jörn Heller

WEIHNACHT

Die Winterstürme durchdringen
Die Welt mit wütender Macht. –
Da – – sinkt auf schneeigen Schwingen
Die tannenduftende Nacht ...

Da schwebt beim Scheine der Kerzen
ganz leis nur, kaum, dass du's meinst,
durch arme irrende Herzen
der Glaube – ganz so wie einst...
Da schimmern im Auge Tränen,
du fliehst die Freude – und weinst,
der Kindheit gedenkst du mit Sehnen,
oh, wär es noch so wie einst! ...

Du weinst! ... die Glocken erklingen –
es sinkt in festlicher Pracht
herab auf schneeigen Schwingen
die tannenduftende Nacht.

Rainer Maria Rilke

Ich lerne es täglich,
lerne es unter Schmerzen,
denen ich dankbar bin:
Geduld ist alles!

Rainer Maria Rilke

AM ABEND VOR WEIHNACHTEN

Dämmerstille Nebelfelder,
schneedurchglänzte Einsamkeit,
und ein wunderbarer weicher
Weihnachtsfriede weit und breit.

Nur mitunter, windverloren,
zieht ein Rauschen durch die Welt,
und ein leises Glockenklingen
wandert übers stille Feld.

Und dich grüßen alle Wunder,
die am lauten Tag geruht,
und dein Herz singt Kinderlieder,
und dein Sinn wird fromm und gut.

Und dein Blick ist voller Leuchten,
längst Entschlaf'nes ist erwacht ...
und so gehst du durch die Stille
wunderweiche Winternacht.

Wilhelm Lobsien

FRÖHLICHE WEIHNACHTEN

Eine feierliche
glanzvolle
besinnliche
bezaubernde
himmlische
Weihnachtszeit
wünsche ich dir
von Herzen

Marion Schmickler-Weber

Textnachweis:
Jörn Heller: S. 5, 9, 15 © beim Autor. **Wilhelm Lobsien**: S. 18. **Rainer Maria Rilke**: S. 13, 16, 17. **Joachim Ringelnatz**: S. 2f., 14. **Marion Schmickler-Weber**: S. 7, 12, 19 © bei der Autorin. **Anna Tomczyk**: S. 6 © bei der Autorin. **Tina Willms**: S. 8, 10, 11 © bei der Autorin.

Bildnachweis:
Khaneeros, agrino, Olha Bocharova, alle shutterstock.

Verlagsgruppe Patmos in der Schwabenverlag AG, Ostfildern
Im Alten Rathaus/Hauptstraße 37
D-79427 Eschbach/Markgräflerland

www.verlag-am-eschbach.de

Textredaktion: Ilka Osenberg-van Vugt, Verlag am Eschbach
Gestaltung und Satz: Angelika Kraut, Verlag am Eschbach
Kalligrafie: Ulli Wunsch, Wehr
Herstellung: Gugler GmbH, Melk
Hergestellt in Österreich
ISBN 978-3-86917-963-6

 Dieser Baum steht für umweltschonende Ressourcenverwendung, individuelle Handarbeit und sorgfältige Herstellung.